21세기시조동인

2013년 제5집

하버드 양념치킨

고요아침

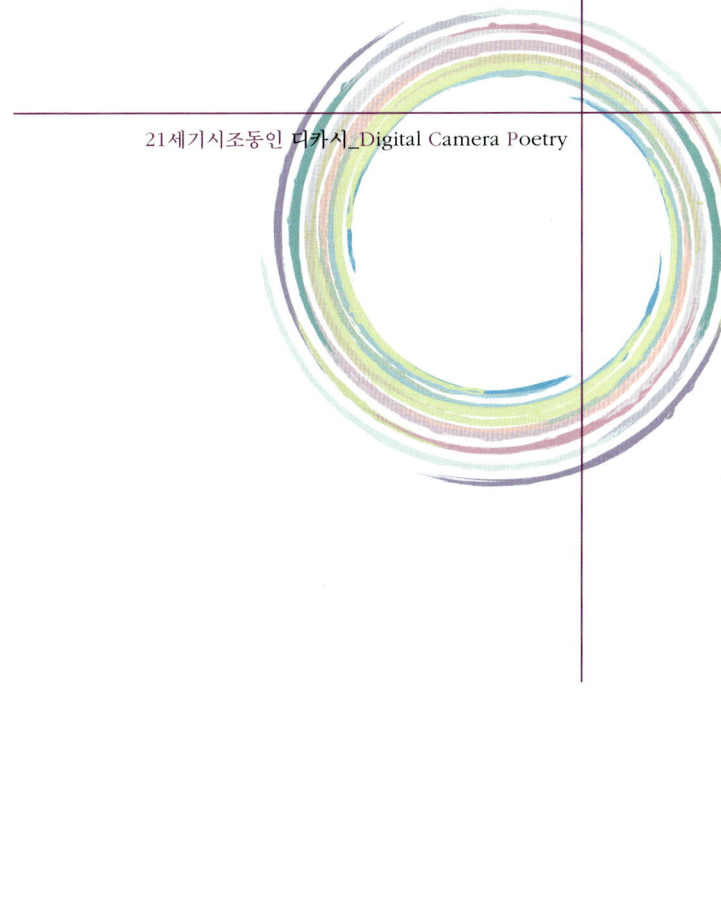

21세기시조동인 디카시_Digital Camera Poetry

이송희

봄

바짝바짝 목이 탄다

목구멍이 칼칼하다

덜 녹은 심장에서 파릇파릇 돋아나는

미명(微明)의 소리 하나에

조용히 갇히고 싶다

황성진

봄의 글꼴

뒷산 언저리 봄꽃이 화사하다
진달래 우죽, 개나리 삐죽, 저 난만한 봄의 글꼴
댓글도 퇴고도 없는 순수의 눈망울

이석구

낙화

동안거 해제한 날
기웃거린 법당 안에

바람자락 흔들까봐
두 눈을 내리깔고

부처님
엉덩이만한
동백꽃이
떨어진다

_____ 조성문

보리문둥이

본 대로
들은 대로
술술 다 말하라고

아예 더 밟아라, 쳇!
눈갈기 후리든 말든

얼부푼 이 땅을 들썩, 첫봄 먼저 촉 세우리

노영임

가을의 속도

잘 벼려진 햇살이 예각으로 내리꽂힐 때
타오르는 노을 속에
가지 담근 화살나무
가을은 그 위에 얹혀
떠나고 있다.
쏜
살
처
럼

_____ 임채성

은행잎 질 때

우수수~
폭락장세 긴 겨울을 재촉하는
테헤란로 금융가에 구조조정도 끝날 무렵

모질게 움켜쥔 가지
바람에 떠는
목숨 하나

김남규

각주로 피는 꽃

꽃밭 없는 세상이다
사람이 꽃이란다
사랑해 발음하면
입 속에 꽃이 폈다
당신이
꽃의 출처였다
나만의
쪽수였다

박성민

줄

지연이니 학연이니
구름보다 부질없어
한 발만 헛디디면
바닥으로 떨어질 몸
부르르 떨리는 줄에
애간장이 타는 세상

_____ 김영란

나비는 한 꽃에 오래 머무르지 않는다*

늘어진 테이프 같은
하루 위에 또 하루

사랑이 모자라서
사랑이 더 아픈가

치명의 눈빛에 갇혀
죽음을 입 맞추던

* 단편영화 제목.

21세기시조동인 **릴레이시조_Relay Sijo**

소통에 관한 아홉 개의 시선

1. 나무들 비탈에 서다
벼랑 끝 나무처럼 그들이 서 있다
밑창이 다 닳아진 운동화 같은 날들
몇 달째
철탑 위에 쓰는
간절한 문장들   _이송희

2. 착한 허점
마당 가 콘크리트
틈새로 꽃이 피었다
등 돌려 돌아서던 너
다시 만나 팔짱을 끼듯
슬며시
결빙을 푸는
저 착한 대지의 허점   _황성진

3. 한국어 시간
다문화센터에 모인
이방異邦의 신부들이
몽당연필 굴리면서
띄어 쓴 행간마다
둥글게
오므린 입술
말꼬리를
꼬리 문다   _이석구

4. 용접
이녁과 이녁 사이 달구고 달군 후엔
살도 뼈도 녹아드는 눈빛 더 아득할까
비정규 용접일 마친 두 귓불이 발갛다   _조성문

5. 사랑한다는 것은 3
석순과 종유석이
석주로 하나 되는 과정
만남을 위하여
숱하게 떨구던 진액
몇 억 겹
기다림 속에서
서로를 마주한 채   노영임

6. 해로
허블의 좌표 바깥
나그네별 쪽방에도
태양의 주파수로 교신하는 봄이 있다
몰티즈 글썽한 눈에
활짝 벙근
늙은
매화　　　　　　　　　　　　　　　　　　_임채성

7. 안팎
바깥세상 훔치려다
들켜버린 창문은
몸살기 머리 이고
덜컥하고 내려앉다
방충망,
좁은 세계로
작은 생애
껴안는다　　　　　　　　　　　　　　　　_김남규

8. 의자
장사 끝난 슈퍼 앞에 포개진 의자들
빈 의자의 무릎 위에 빈 의자가 앉아 있다
빈 가슴 껴안아주는 빈 가슴을 나는 본다　　_박성민

9. 중년의 바늘귀

바늘귀 가까이
어디에도 없던 구멍
안경 끼고 안 보이는 것
안경 벗자
보이네
보고픈 세상일수록
초점 잃는
내 시력 　　　　　　　　　　　　　　_김영란

| 머리말 |

　우리는 묶이고 묶였습니다.

　봄 가을 없이 좋은 일을 함께 기뻐하고 궂은일을 슬퍼하며 늘 서로의 안부가 궁금한 우리는 서로가 서로에게 묶이고 묶인 〈21세기시조동인〉입니다.

　우리는 각자 다른 색깔로 빛을 발합니다. 다른 모양으로 제 모습을 갖고 움직입니다. 또한 짜고 달고 쓰고 신맛뿐만 아니라 다른 맛을 만들 줄 압니다.

　다른 빛깔과 다른 모습과 다른 맛이 묶이면서 조화를 이룬 〈21세기시조동인〉입니다. 그래서 동인들 아홉 명은 더욱 아름답습니다.

　우리는 엮고 엮었습니다.

　다섯 번째입니다.

　"시조를 쓰고 발표해야 동인이다."라는 마음이 모여 다섯 번째 동인지 〈하버드 양념치킨〉을 냅니다.

　양념 치킨의 맛과 색깔과 모양처럼 아홉 명의 개성을 버무렸습니다. 각자 살아가는 자신의 시간과 공간에서 자신의 방식으로 세상을 바라보고 빚어 둔 작품들을 모아 동인지로 엮었습니다.

　우리의 속살 하나하나를 내보이는 것이 부끄럽습니다. 하지만 부끄러운 속살을 내보여 건강하고 자랑스러운 모습으로 가꾸어 나가고자 합니다.

2013년 8월
21세기시조동인 일동

| 머리말 |

- 디카시 | 02
- 동인 릴레이시조 | 13
- 머리말 | 17
- 특집_윤금초 시인을 찾아서 | 22

이송희
얼룩말의 행방 | 36
그루밍 | 37
노을의 귀가 2 | 38
죽은 시인의 사회 | 39

황성진
등고선에 대하여 | 42
목련 | 43
엉덩이 냄비 | 44
악어 | 45

이석구
강화도 꽃구경한 날 | 48
여름, 신월하정인 | 49
살구로부터 | 50
가창오리 | 51

조성문
찬卅 · 찬卅 · 찬卅 | 54
퀵서비스 · 던 | 55
물텀벙이 텀벙 | 56
컵밥 공양 | 57

노영임
빈터 | 60
등을 만지다 | 61
개 끈과 넥타이 | 62
하루, 옷을 깁다 | 64

임채성
섶섬이 보이는 풍경 | 66
?를 낚다 | 68
피아노 폭포 | 69
헐~ | 70

김남규
해금 | 72
봄의 문상 | 73
자리 | 74
장롱 밑의 현상학 | 76

박성민

인기척 | 78

도道를 아십니까? | 80

시조새의 진화 | 81

당신의 그림자를 교정해드립니다 | 82

김영란

고근산 제비꽃 | 84

맑은 날 | 85

섯알오름 | 86

능소화 지는 날에 | 88

■ 해설_〈21세기시조동인〉이 일궈내고 있는
시적 성취'들'(고명철) | 90

■ 동인들이 뽑은 동인 작품상_이송희 | 108

21세기시조동인 **하버드 양념치킨**

특집_윤금초 시인을 찾아서

금초시마재에서
들려준 정형시학

정리_조성문

| 특집_윤금초 시인을 찾아서 |

금초시마재에서 들려준 정형시학

정리_조성문

차가운 겨울바람이 치는 2013년 1월 19일. 우리 동인들은 서울 고속버스터미널 근처에서 집결하여 윤금초 시인 시마재를 찾아갔다. 선생님께서 반갑게 맞이해 주신다. 이번 한국시조시인협회 신년연찬회도 동인들과의 약속으로 미루셨다 한다.

새로 건축한 금초시마재 서재로 안내를 받았다. 손수 마트에 가서서 미리 마련해둔 과일이며 견과류, 마른안주 등등으로 상을 차리신다. 커피, 음료수, 와인, 양주까지 다 내놓으신다. 제자 같은 동인들에 대한 배려와 평소 선생님의 자상함을 한눈에 느낄 수 있었다.

선생님 근황이라면 무엇보다도 제3회 한국시조대상 수상이라는 따뜻한 소식이리라. 선생님의 시조대상 축하

인사로 웃음꽃이 피었다. 이 시조대상은 최승범 시인, 김제현 시인 등이 수상한 이래로 그동안 시상이 중단되었다가 이번에 다시 이어지는 수상이라고 전해주신다. 수상작인 〈큰기러기 필법〉은 자전적인 작품이라 하시고, 오는 3월 중순에 있을 수상식에는 21세기 동인들이 꼭 와 달라 요청하신다. 지금부터 금초시마재에서 나눈 시조이야기를 옮겨서 적어보겠다.

Q : 먼저, '금초'라는 필명을 쓰게 된 계기는 무엇인지 궁금합니다.

A : 윤금초(尹今初, 1942년생, 본명 : 윤금호)는 초등학교 담임선생님이 출석을 부를 때 '호'자를 갈겨 써놓은 것을 '초'로 잘못 읽어 '금초'라고 부른 것이 계기가 되었지요. 그 이후 '금초'라는 이름으로 자연스럽게 불리게 되었고, 필명으로까지 사용하게 된 것이지요. 처음 한자 표기는 '尹今艸'였는데, 김상옥 시인이 "이름의 이미지가 너무 여리여리해 보이고 섬약해 보이니 옆구리에 칼을 하나 차라"고 하며 '初'로 고쳐 준

것이지요. 금융실명제에 따라 가까운 은행에 가게 되면 '윤금호' 고객이라고 하지요. (모두 웃음)

Q : 선생님 작품에는 고향을 무대로 한 작품이 많은데, 몇 작품 소개해 주세요.

A : 어릴 적에 자란 해남 화산면 갑길리에는 가끔 사색을 하던 언덕바지, 동백나무에 올라가 동백 꿀을 온종일 빨아먹고, 서리도 하던 풍경이 그대로 남아 있지요. 고향은 시인을 문학의 길로 인도해 준 자양분이지요. 실로, 해남과 주변 이미지를 많이 그리고 싶었지요. 먼저 <해남 나들이> 역시 "그 옛날 유형의 땅 남도 끄트머리"인 해남에 생명의 기운이 번지는 봄 풍경을 노래하고 있지요. 한때 "겨우내 움츠린 목숨", "풀꽃 같은 백성들"이 살아온 외진 골짝에도 봄기별은 오고, 비릿한 해조음과 산동백의 향기가 반긴다고나 할까요. 적막이 감돌던 땅끝에 육

자배기 신명나는 봄의 가락이 진동하는 것이지요.

또한 해남 우항리의 공룡 발자국 화석을 소재로 한 <백악기 기행>, 어렸을 때 배고픈 기억을 떠올리며 쓴 <아직은 보리누름 아니 오고>, 한여름 밤 대흥사 피안교 밑 개울가로 놀러 나온 아낙들이 옷을 훌훌 벗어던지고 멱을 감는 모습을 곁눈질하던 느티나무가 벌거숭이 여인네들 속살 보기가 송구하여 가슴을 천년토록 쓸어내리다 저렇게 텅 빈 나무가 되었다는 상상을 하며 쓴 <대흥사 속 빈 느티나무> 등 숱하게 많지요.

(본격적으로 시조 이야기를 하기 위해 먼저 한 동인이 사설시조에 관한 말을 건넸다.)

Q : 근자에 신춘문예를 통과한 당선자들 중 사설시조가 드문데요, 그 이유는 무엇이라고 보시는지요?

A : 그러니까 2000년대 무렵 신춘문예에서 사설시조를 들고 나온 네 사람이 당선하도록 심사하였지요. 1999년 중앙일보 송광룡의 <돌곶이 마을에서의 꿈>, 2000년 조선일보 현상언의 <봄, 유년, 코카콜라 뚜껑>, 2000년 중앙일보 송필란의 <가자미>, 2000년 농민신문 조현선의 <안부> 등이 그것이지요. 당시 신문사에 모인 문화부 기자나 심사위원들도 시보다 시조의 작품이 훨씬 수

월하다고 찬사를 아끼지 않았지요. 그런데 요즈음 사설시조 응모자가 드물 뿐만 아니라 완성도가 높지 않아서인지 당선하는 사례가 거의 없어 안타까울 뿐이지요.

Q : 이왕에 사설시조 이야기가 나왔으니, 사설시조에 관해 더 깊은 말씀을 부탁드립니다.

A : 사설시조 체질이 따로 있다고 보지요. 사설시조를 쓰기 위해서는 문장력이 있어야 하고요. 예컨대 정진규 시인은 문장력이 강하지요. 자기 노력과 연마가 된 시인이라고나 할까요. 사설시조는 중장이 2음보 중첩, 3·4조가 되풀이 된다는 말인데, 반복하면 재미가 없어서 가다가 한 번씩 엇박자를 밟아줘야 하지요. 초·중·종장이 긴 경우는 사설의 범주에 넣어야 한다고 정병욱, 김사엽, 서준섭 등이 사설시조 풀이를 했는데, 초·중장이 길어질 수 있다는 주장에는 반대 입장이지요. 모름지기 중장만 길어진 것이 사설시조의 본령이라고 말할 수 있지요.

아울러 사설시조에서 중요한 것 4가지는 첫째 감동이 있어야 하고요, 둘째 드라마틱한 요소 즉 극적인 효과가 있어야 하고요, 셋째 중간에 휴지 두어서 숨을 돌릴 수 있어야 하고요, 넷째 풍자와 입담 등의 여러 요소가 두루 갖추고 있어야 하지요.

Q : 그러면 옴니버스 시조를 쓰게 된 동기가 따로 있으셨습니까.

A : 예, 우리 시조도 장편 서사시조를 시도해야 한다고 보지요. 오로지 평시조로만 장편 서사시조를 만들 수 없을 듯해 시도하게 되었지요. 우리 역사 중 고려 때 노비해방운동이라 할 수 있는 만적의 난을 노래한 〈청맹과니의 노래〉가 대표적이지요.

Q : (가만히 앉아 있던 동인이 곁에 놓인 퇴고 원고지 묶음을 보더니 평소 선생님의 집필 모습이 궁금했을까 질문을 했다.) 선생님의 특별한 집필 습관이나 퇴고 과정이 궁금합니다.

A : 가장 먼저 퇴고할 때 보는 것은 시조이기 때문에 운율을 보지요. 문예지에 작품을 보내놓고도 교정지 확인하며 스스로 게재 확정을 하는 습관이 있지요. 컴퓨터에는 문외한이지만 메일로 작품을 보내더라도 반드시 우송하고 있지요. 작고한 이문구 선생은 원고를 쓸 때

방바닥에 엎드려 초안을 작성했다고 하지요. 나도 별스럽게도 방바닥에 엎드려 베개를 가슴에 안고 초안을 작성하곤 하지요. 그래서 팔꿈치에 옹이가 진 상태이고 옷이 팔꿈치만 닳아지지요. (이때 옷소매를 걷으시면서 동인들에게 시인의 훈장과도 같은 팔꿈치 옹이 자국을 보여주신다.) 아무튼 괴이할지 모르지만 엎드려서 백지에 초안 작성이 다 되었을 때 컴퓨터에 입력하고 출력한 후 수정하지요. 때로는 원고에서 부족한 부분을 후배시인이나 제자시인에게 묻기도 하지요.

Q : 알고 계시는 다른 문인들의 특별한 집필 습관도 들려주세요.

A : 아시다시피 『현대시조쓰기』(새문사)에서도 언급했지만, 박화성 선생은 원고 쓰기 전 목욕을 하고 원고지 칸칸을 오려서 붙여가면서 수정했다지요. 이청준 선생은 판소리를 틀어놔야 글이 써진다고 하고요. 소설가 유현종 선생은 철도 공무원 출신답게 덜커덩거리는 야간열차에서 집필했다고 하고요. 소설가 이문희 선생은 워낙 빈한하여 단칸셋방살이를 했는데 원고를 쓸 때 가족이 없는 동네 다방을 찾았다고 하지요. 헤밍웨이는 『노인과 바다』를 200번 고쳤다고 하지요. 베르나르베르베르는 소설 『개미』를 120번 퇴고를 했다고 하지요. 그렇게 하지 않으면 작품이 단단하지 못한다고 생각했던 거지요.

Q : 만약에 백일장 작품이라면 어떻게 하시겠습니까.

A : 백일장에 나올만한 시제를 미리 생각해 두고, 초안을 작성해서 미리 써 간 것을 주제에 맞게 짜깁기해야 한다고 보지요.

Q : 늦은 감은 있지만, 처음 시조를 쓰게 된 계기는 무엇인지요?

A : 하루는 내 습작작품을 보신 박목월 선생님께서 시조 호흡에 가까우니 시조를 쓰라고 말씀하셨지요. 그 순간 자신이 고산 윤선도 후예자라는 각성과 함께 그에 대한 동경 혹은 일종의 의무감에 시조를 써야겠다는 생각이 들었지요. 그렇게 해서 이제까지 쓰게 된 것이지요.

 Q : 작품은 사계절 중 주로 어느 계절에, 혹은 하루 일과 중 언제 쓰시는지요?

 A : 계절을 타서 주로 여름보다는 겨울에 쓰지요. 야행성이라 밤에 주로 쓰고 일주일 중에는 제일 편안한 날 택해 밤샘을 하곤 하지요. 새벽 2시에서 4시 사이에 정신이 맑아지고 집중이 잘 되지요. 제자들에게 밤샘 작업을 적극 추천하지요. 시도해 보면 수긍하겠지만 작품을 완성한다는 성취감 때문에 피로를 못 느끼지요.

Q : 오늘날 젊은 시인들에게서 창작 자세 중 고쳐야할 점은 무엇이라 생각하시는지요?

A : 작품구상 초입에서부터 컴퓨터에서 글쓰기를 반대하지요. 젊은이들 시의 깊이와 무게가 없어진 것은 바로 컴퓨터 글쓰기 때문이라고 생각하지요. 현재 나의 작업이 전근대적 방식일지 모르지만 시라는 건 수작업이어야 하지요.

Q : 현재 시조계의 현상을 진단해 보신다면요?

A : 신춘문예 응모작은 늘어나는데 독자층은 한 곳에 모여 있고, 심사자로서 시조를 모른다는 것이 안타까운 현실이지요. 고등학생이 시조창작자가 되고자 시조에 관심을 가지게 하려면 현대시조를 접할 기회를 만들어 주고 잘 가르쳐야 하지요. 그러려면 우리나라 교육정책이 바뀌어야 하지요. 대체로 유학을 다녀와서 문화사대주의 병에 걸린 인물이 많지요. 정책위원들의 마인드가 바뀌어야 하지요. 일본의 경우는 99세의 노인이 하이쿠 시집을 펴냈다 하잖아요. 이는 시사한 바가 크죠. 우리 모두 반성할 일이지요.

Q : 자유시단과 연계해서 시조와의 관계를 말씀해 주세요.

A : 정진규 선생은 시조에 대해서 자유시단이 반성해야 한다고 말한 적이 있지요. 시의 위기 의식을 느낀 것이 아닐까요. 백담사에서 열린 세미나에서 권영민 선생은 시조에 관해 이야기 하면서 자유시인들이 시조에 관심을 가져야 한다고 했지요. 우리 모국어를 살리고 있는 일에 자유시도 반성해야 한다는 의미이겠지요.

Q : 일각에서는 시조 홀대론을 거론하기도 하는데 여기에 대해서도 한 말씀 부탁드립니다.

A : 시조를 쓰니까 홀대를 받는다는 것은 그 사람 역량의 문제이지, 시조시인이어서가 아니지요. 쉼 없이 작품을 생산하고 곡식 쌓듯 재고를 해두어야 하지요. 〈민족시사관학교〉 수강생들이나 문화센터에서도 누차 이야기하지만 자기 상식을 믿지 말아라, 표준말이란 것도 확인하고 또 확인해야 한다고 강조하지요. 그렇게 역량을 키우는 게 발전의 원동력이라고 보지요.

Q : 감사합니다. 마지막으로 저희 동인들에게 해주시

고 싶은 말씀을 부탁드립니다.

A : 자기가 현재 위치에서 살아 있다는 존재증명을 열심히 작품으로 보여 달라고 주문하고 싶어요. 작가는 작품을 열심히 쓰고 발표를 해야 하지요. 그러면 언젠가는 밑천이 떨어지는 날이 오지요. 미리미리 준비하고 치열하게 써야 하겠지요.

우리 고유의 문학 장르인 시조문학을 건강하게 지켜온 윤금초 시인. 선대에서 물려받은 시조의 정신을 현대적 감각으로 변용하면서 늘 변화를 꾀했던 시인의 창작열정은 21세기 시조동인에게 고스란히 전해지기 바란다.

시인은 시조가 "몸 낮출수록 우람하게 다가서는 저 산빛"(<중원, 시간여행>)이어야 한다고 말한다. 시조의 자수를 따지기보다는 그 안에 담는 내용이나 가락이 중요하다고 생각한다. 그래서 시조문학이 외형에 제약을 받는, 닫힌 문학이 아닌

열린 문학이기를 바란다.

  시인은 바닥에 엎드려서 두 팔로 상체를 지탱하며 글을 쓰는 습관이 있다고 하였다. 이런 습관 때문에 양쪽 팔꿈치에 옹이가 박히고, 글 쓸 때 입는 셔츠 양쪽 팔꿈치는 다 해졌다고 한다. 컴퓨터가 보편화되었지만, 그래도 그는 엎드려서 백지 위에 초안을 쓴 다음 컴퓨터에 옮기고 몇 차례나 퇴고한다. 글감이 바닥이 나면 소재 발굴을 위해 책을 읽으면서 이른바 '우물 파기 작업'을 한다. 시가 다가오기를 기다리는 것이 아니라, 새로운 금광(金鑛)을 찾아 시추 작업에 나서는 것이다. 오늘도 땅끝 같은 방바닥에 엎드려 깊은 시심에 빠져 있을 선생님과 아쉬움을 뒤로하고 금초시마재를 나선다.

21세기시조동인 **하버드 양념치킨**

이 송 희

광주 출생. 2003년 조선일보 신춘문예 당선. 가람시조문학상 신인상, 오늘의시조시인상 수상. 2010년 서울문화재단 문학창작활성화지원금, 2013년 한국문화예술위원회 아르코 문학창작기금 수혜. 시집『환절기의 판화』,『아포리아 숲』, 평론집『눈물로 읽는 사서함』,『아달린의 방』
poetry2003@naver.com

| 2012년 대표작 |

얼룩말의 행방

말들은 사라지고 얼룩만 남았다
한 떼의 얼룩말이 지나가고 난 자리
씻어도 지워지지 않는
얼룩무늬 문장들

고삐 없는 말들이 아무 데나 달려가서
순박한 눈빛을 한 양들에게 뒷발질하면
심장이 너덜거리며
낙엽처럼 나뒹군다

얼룩말에 밟혀서 뚝 뚝 부러지는 목소리
멀어지는 말발굽에 목숨 끊는 양 한 마리
목 잘린 얼룩말들이
또 저기 달려온다

| 2013년 신작시 |

그루밍 외 2편

그녀의 콧날은 갈수록 높아졌다
어제의 얼굴도 양에 차지 않았다
오똑한 자존심으로 밀어 넣은 실리콘

앞트임을 한 눈에 들여다 본 거울 속엔
동그란 턱선을 가진 그녀가 서 있다
볼수록 낯설기만 한 당신이란 이름의

잘 깎인 조각상들이 거울 밖으로 걸어 나온다
가슴에 부푼 희망을 품고 활짝 웃는 그녀들
늘씬한 포장도로엔 햇빛이 서늘하다

노을의 귀가 2

어느덧 당신이 산등성이를 넘었네요

먹구름이 먼저 와 밥상에 앉았네요 배고픈 그리움에 나는 늘 젖지요 렌지에 바짝 굽다가 태워버린 시간들 마음이 다 누르도록 그리움을 젓다가 그을린 자국을 지우려 애를 많이 썼지요 여든의 밥상머리에 독백은 더 깊어지고 당신은 여느 때처럼 일찍 자리를 뜨는군요 언제쯤 노릇노릇 구워낸 말들을 꺼낼까요?

반쯤 탄 냄비 바닥에 얼룩이 된 눈물방울

죽은 시인의 사회

 친구 시인의 장례식장에 화환 대신 조의금 대신 한바탕 걸쭉하게 방바닥 치며 울고 난 후 소주에 육개장 먹는 시인이 진짜다

 마지막 가는 길을 슬퍼할 게 무어 있나. 애도하는 문장 대신 썩을 놈 잘 갔지 한두 개 사리처럼 내린 우박을 맞는 시인

 풍자의 긴 가락에 춤을 추던 시인이 걸쭉하게 풀어내던 지난날의 사설들 남겨진 시인은 이제 어느 벽에 기대 토할까

 부끄러운 눈과 귀가 보고 듣는 거리엔 수 만 권의 시들이 서정을 흥정하고 강남의 빌딩 숲에서 꼼꼼하게 돈을 세는데

21세기시조동인 **하버드 양념치킨**

황 성 진

충남 태안 출생. 2004년 조선일보 신춘문예 당선.
sjhwkrrk@hanmail.net

| 2012년 대표작 |

등고선에 대하여

1.
팔월 복 지나온 논길 주억대는 백로처럼
뜨거운 숨 몰아가는 벼이삭 위 햇살처럼
바른 길 빠른 길이라 해서 앞만 보고 걸어왔었네

2.
그대 잠시라도 눈 돌려 그 길 보시게
등 굽은 소나무 에돌아가는 나이테처럼
천천히 늙어간다는, 머리 숙여 공경한다는

그 길 가장자리에 한 사나이 서 있음을
백로 등 햇살로 서서 그리움의 나선을 감는
물레 길 삶의 길 돌려 아시 잣는 정이 있음을

3.
아시게나 저 잔정도 가끔 꼬리 흔적 남긴다는 걸
흔들리고 뒤웅이며 이 산 저 산 선들선들 달려
산 하나 애잔히 쌓아 등고선이 된다는 것을

| 2013년 신작시 |

목련 외 2편

눈 가 잔주름 같은 지폐 몇 장 쥐어주던
그래 잘 다녀오거라 눈짓으로 배웅하던
뒤돌아 바라다보면 외등처럼 서 있던

그 먼 어머니는 늘 나의 나무였다
말하지 않아도 알고 소리 없이도 느껴지는
가슴을 하얗게 물들이는 한 점 목련이었다

엉덩이 냄비

서대문 구청 소속 직장어린이집 어린이들
모금함 종이 집을 들고 와 소리치는 거였다
"아저씨, 이 엉덩이 냄비 저희가 만든 거예요!"

아프리카에도 겨울은 있어 낮은 덥고 밤은 추워
이불 없이 못산다하며 동전 모아 찾아와서는
그들의 이불이 되길 자청하는 거였다

이끼의 포자가 날아 이끼를 키우 듯
그 이끼 대지를 덮어 식물을 키우듯
종이 집, 엉덩이 냄비에 포자를 심는 거였다

악어

1.
악어를 키운다는 건 쉽지 않은 일이다
큰 공간이 필요하고 다루기도 어렵고
기르고 또 기를수록 많이 먹기 때문이다

초보자들은 처음부터 도전 말길 권한다
익숙한 조련사들도 한 입에 삼켜버린다니
절대로 그 거친 놈들을 범접해선 손해다

2.
솜털 같던 내 유년의 소꿉친구 계집애
거실 한복판에 떠억하니 버티고 앉아서
자기야! 호령하는 소리 늪지대를 울린다

아낄수록 등껍질 더 굵어지는 그 소리
정 들수록 커지고 힘 세지고 거칠어지는 소리
악어를 다룬다는 건 쉽지 않은 일이다

21세기시조동인 **하버드 양념치킨**

이 석 구

충남 청양 출생. 2005년 동아일보 신춘문예 당선. 2010년 한국문화예술위원회 문예창작기금 수혜. 시집 『커다란 잎』
estone9@hanmail.net

| 2012년 대표작 |

강화도 꽃구경한 날

1.
바다에 배를 놓고 건너온 늙은 사내
죽은 여자 못 잊어 생각난 듯 오르는 산
옷깃을 스친 꽃그늘
우두커니 바라본다

2.
진달래꽃 화전 한 점
프라이팬에 지지면서
뒤집어엎는 김에
술상을 받아두고
젓가락 부러져라하며
가는 봄을 부른다

| 2013년 신작시 |

여름, 신월하정인新月下情人 외 2편

아파트 단지 앞 놀이터 담장 아래
방범등이 훤히 비춘 등나무 그늘에서
여학생 허리 품은 건
동갑내기 남자 애다

긴 의자 넘어질 듯
들썩이는 이팔청춘
그렇게 좋니 어린 것이, 벌써 연애질이야
늦었다 집에 안가고? 꼴사나워 말하는데

마음이 행동으로 옮겨가는 몸뚱이를
부러우면 참견 말고 가만두라는 옆집 사내
애들아 숨어서 하렴
머리카락 보인단다

살구로부터

연변에서 온 새댁이 살구를 수확한다
살구나무 가운데서 처음 따는 열매를
한 계절 내내 매달려 바라보기만 했단다

멀어져 가는 것은 그리움이 아니라며
짝사랑 남자네 집 문 앞을 서성이듯
혀끝이 단내 날 때까지 한 알 베어 씹는다

시큼한 맛이면 어때 아니면 또 어떻고
깊고 푸른 그늘 휘어지도록 달린 살구
첫물에 부풀어 오른 장맛비를 받아낸다

가창오리

서걱거린 갈대밭이

낮게 스러진 뒤에

날아가고 싶은 것이 어디 날개뿐일까

물결에 찍힌 발자국 바람과 함께 사라져

사방연속무늬의 대열을 놓치는데

빗장을 가르면서 소용돌이치는데

순식간 뒤집힌 군무

내리꽂는 폭포다

21세기시조동인 **하버드 양념치킨**

조성문

전남 함평 출생. 2006년 조선일보 신춘문예 당선. 2007년 한국문화예술위원회 신진예술가 지원금 및 2013년 아르코 문학창작기금 수혜.
whtjdans@hanmail.net

| 2012년 대표작 |

찬串 · 찬串 · 찬串

뜨는 건 간자체뿐인 가리봉동 옌볜 거리
따가운 눈살 뒤로 찬串 · 찬串 · 찬串 올려놓고
연기 속 저무는 하루 알전등이 환히 웃네

애오라지 닿는 발길 또 어디로 가야하나
한 평 반 벌집에서 웅크리다 깊이 팬 주름
눈뜨는 발간 불씨로 떠돌이별 다시 박히네

양꼬치 밥집 사람들 꼬챙이만 남는 저녁
그 어느 땅 떠도는가 아버지의 아버지처럼
설 수도 갈 수도 없는 더 내주지 않는 곳

어깨를 결어 봐도 주눅이 든 서너 순배
숨이 먹까지 차는 바퀴살에 꿰어 사네
감치는 밥그릇 같은 달이 기우네, 저린 만큼

| 2013년 신작시 |

퀵서비스 · 뎐 외 2편

  한갓진 데 따로 있나 일복 터진 선데이서울 털털대며 달려야하는 늙은 헬멧 남배달 씨
   저물어 어쩌란 건가, 길눈만은 밝다한들

  도처엔 따라붙는 아슬아슬 사나운 길 빠를수록 좋은 세상 눈치 보다 뒤처진 걸
   퀵, 퀵, 퀵 거리의 도반 어디론가 가야한다

  벚꽃 터널 달려 달려 허리춤 꽉 잡거라 배달나라 후예답게 말을 타는 본새까지도
   꽃놀이 긴파람 부는 환한 봄날 있었다나

  대끼다 부대끼다 줄달음질 치건 말건 잿빛 딱지 떼이는 일 속마저 느꺼워서
   쉴 때도 삐딱하니 서서 늦은 점심 끓인다

물텀벙이 텀벙

공치고 돌아설 때 뒷배 없는 울 아버지
뼛속까지 시린 아침 치빼고 싶었을까
소금쩍 일어났던 곳 칼바람이 할퀴네

보름사리 눈썰미로 그물을 걷는 순간
물렁한 너 텀벙이지 보나 마나 텀벙이지
텀벙이 터·엄·병·텀·벙 세상 밖 내치지 않나

집채 하나 집어삼킨 그해 그 아귀처럼
흐느끼는 절절 바다 안으로만 숨긴 소리
아버지 빈 고기창고에 비늘구름 헤엄치네

컵밥 공양

입춘 내내 내린 폭설 천막지붕 내려앉고
눈 녹듯 밤새 사라진 컵밥집 다시 문 여는
고시촌 비탈진 골목
탁발의 밥줄 길다

건밤 새운 칼잠마저 옹송그린 발우공양
종이컵에 꾹꾹 눌러 애옥살이 그리 하고
집 없는 민달팽이들
걸랑 하나 그만이다

눈밭엔 부신 볕살 꿈결 같이 고명 없고
한 그릇 밥 비우는 건 그 하루 비손하는 일
눙치는 노루꼬리 해가
꿀꺽 진다, 저 너머

21세기시조동인 **하버드 양념치킨**

노 영 임

충북 진천 출생. 2007년 조선일보 신춘문예 당선. 2008년 한국문화예술위원회 신진예술가 지원금 수혜. 2012년 제1회 현대 충청 신진예술인 선정. 2013년 한국시조시인협회 제4회 신인문학상 수상.
no9102@hanmail.net

| 2012년 대표작 |

빈터

어디서 옮겨온 걸까 풀섶 너른 자리에
쇠뜨기, 애기똥풀, 달개비, 여우꼬리풀
푸지게 퍼질러 앉아 무리 이루던 봄날

개미란 놈 생으로 송장벌레 자근자근 씹듯
산 능선 깔아뭉개며 포클레인 들어설 때
다북쑥 한 소쿠리씩 벌러덩 나자빠진다.

크레인 움직임 따라 길의 방향이 바뀌고
도면처럼 고층 아파트 무리져 솟아오르자
하늘도 조붓해지니 햇볕 한줌 가웃이나 될까?

허릿심 곧추세워 허공에 선 댕댕이덩굴
펜트하우스 그늘 피해 맞은편 빈터 쪽으로
철조망 꽉, 움켜쥔 채 아슬아슬 넘고 있다

| 2013년 신작시 |

등을 만지다 외 2편

온전한 네 모습과 마주 한 적이 없다
닿지 않는 외로움에 스멀스멀 가려울 때
나에게 말 건다는 걸 눈치 챘어야 했다

지하도 계단 오르는 퇴근길 사내 뒷모습
한 번도 본 적 없는 내 등이 거기 있다
차마 다 말하지 못한 쓸쓸함이 묻어나는

쇼윈도 환하게 웃는 마네킹 등어리
무수한 시침핀들 촘촘히 꽂힌 채로
눈 찡긋, 감는 아픔을 유혹이라 여겼지

누가 날 만져줬으면, 말 좀 걸어주었으면
너의 말 읽어내는데 참 오랜 시간 지났다
등 돌려 봄 햇살 향해 앉아본다
참, 따뜻하다.

개 끈과 넥타이

1.
줄 닿는 거리에 놓인 밥그릇 싹싹 핥다가도
제 집 중심축 삼아 원 그려 빙빙 돌아치지만
저 혼자 멀어질까봐
끈이 힘주고 있다

길이만큼 베풀어준 너그러움 아는 걸까
팽팽한 구속감에 으르렁 맞섰다가도
배 깔고 졸음에 겨워
단잠 들기도 한다

2.
목일랑 사내에게 가장 쓸쓸한 부위 아닐까
꼿꼿한 기둥 아닌 끈 매 둘 말뚝으로
얌전히 길들여지는 건
난 정말 딱, 질색이야

실직자 400만 명 시대 불안한 도시 한복판
지하철 쏟아져 나온 어지러운 발길 틈새
지그시 힘준 넥타이
출근길 앞장서 간다.

하루, 옷을 깁다

양팔을 활짝 벌려 껴안아 맞이하듯
가슴둘레 치수 재고 넉넉히 솔기 잡아
시침핀 단단히 질러 가장자리 고정시킨다

자장면 먹는 반시간쯤 재봉틀소리 멈췄을까
손 모자라 서두른 탓에 삐끗한 박음질로
몇 번은 시접을 풀어 감침질 되풀이되고

별자리 돌아설 때야 막차 짚어 타고도
꾸벅꾸벅 헐거운 자리 박음질하는 정수리께
오늘도 한 정거장 지나 허겁지겁 내린다

하루를 마감하는 텔레비전 자정뉴스
기다리다 잠든 아이 이불 당겨 덮어줄 때
방시레 웃음 띤 얼굴 브로치처럼 환하다.

21세기시조동인 **하버드 양념치킨**

임 채 성

경남 남해 출생. 2008년 서울신문 신춘문예 당선. 2010년 서울문화재단 문학창작활성화지원금 수혜. 제7회 오늘의시조시인상 수상. 시집 『세렝게티를 꿈꾸며』
awriter@naver.com

| 2012년 대표작 |

섶섬이 보이는 풍경

남덕* 군,
아고리**의 방엔 별이 뜨지 않아요
핏기 잃은 낯빛을 한 서귀포의 새벽도
누가 또 떠나갔는지 수평선만 붙안네요

지난밤엔
거품 문 게와 홰뿔 세운 황소가
이끼 낀 돌담 아래 파도소리로 울다 갔소
저들도 잠 못 이루는 아픔이 있나 봐요

겨울이 오고 있소,
냉기만 도는 바람
뜨거웠던 그대와 나의 여름을 뒤로 한 채
아득한 하늘을 향해 손 흔드는 억새들

부러워요,
나무판 속 저 새와 물고기가

하늘과 바닷길은 어디로나 열려 있어
새처럼 물고기처럼 당신께로 가고 싶소

이제야 해가 떠요,
팔레트에 번지는 놀
코발트색 물결 너머 섬섬 앉힌 구도 위로
아침은 눈부신 날빛 은박지에 풀고 있소

* 이중섭이 일본인 아내 야마모토 마사코에게 지어준 한국 이름.
** 턱이 길다고 해서 일본인 선생이 붙여준 이중섭의 일본식 별명.

| 2013년 신작시 |

?를 낚다 외 2편

1.
팽팽한 줄 끝에서 떡붕어 사투를 본다
탐욕에 눈멀었든, 굶주림에 이끌렸든
미늘을 벗어날 길은 뜰채로 막혀 있다

2.
둘러보면 이 세상은 하릴없는 낚시터다
오가는 길목마다 미끼 슬쩍 던져놓고
눈이 먼 월척 한 마리 끈질기게 기다리는,

3.
햇발도 찌를 내린 여의나루 빌딩 그늘
구름 몇 점 허우적대는 불혹의 수면 위로
낚는지 낚이는지 모를 또 하루가 흐른다

피아노 폭포

— 남양주시 화도읍 금남리 하수종말처리장엔 방류수를 재활용한
세계 최대 인공폭포와 피아노 소리를 내는 화장실이 함께 있다

북한강 허리춤에도 방광이 달려 있어
몸속 땟물 씻고플 땐 금남리를 찾아간다
투명한 물빛 하늘이 솜사탕을 빚는 날

높이 오른 물일수록 하산을 서두른다
햇살무늬 음표들이 무지개로 쏟아질 때
그 소리 음계로 받아 공명하는 피아노

쳇불 다 찢겨나간 체 하나 가만 들고
들어도 못 들은 체 쳇바퀴만 키운 나날
내 안의 한 뼘 경계가 물이끼로 비릿하다

나들이 온 사람들이 건반처럼 되짚고 간
창문 너머 엿보이는 내 유년의 화장실엔
다섯 살 아이가 홀로 물소리를 빚고 있다

헐~

많이 나서 백미인지
젤 낫다고 백미인지

  니미럴, 그도 아니면 흰둥이라 백미인지 쌀 미米자 맛 미味자 아름다울 미美자까지 한정식 교자상에 백첩반상 차려보면, 이건 영 아니올시다 아닐 미未만 자꾸 씹히네. 물 건너온 자포니카 헛물만 들이켜도 캘리포니아 대평원은 올해도 대풍이라 김제 벌 허수아비 자포자기 주저앉을 때, 쟁기 한 번 안 끌어서 뼛속까지 마블링된 LA갈비 다우너는 이 마트 저 마트에 할인가로 올라앉고, 덜어서 더 배부른 한 술 두 술 좀도리로 밥 한 공기 열 나누던 인심에도 흉년이 들어 흉흉한 뜬소문만 쌀쌀맞게 뜨는 가을

웰컴 투 한가위 차례상엔
메와 송편도
라이스라지?

21세기시조동인 **하버드 양념치킨**

김남규

1982년 충남 천안 출생. 2008년 조선일보 신춘문예 당선. 2011년 서울문화재단 문학창작활성화 지원금 수혜.
knk1231@naver.com

| 2012년 대표작 |

해금

또 다른 살 속으로
파고드는 맨살이다
마찰과 마모 사이
켜는 것과 켜지는 것
몸속에
갇힌 폭풍을
서로에게
겨눈다

어둠이 활을 안고
뒤쫓는 우리의 밤
끝에서 끝으로
눈물 없이 울어도
밑줄로
음 높이는 위로들
꽃잠으로
흩어진다

| 2013년 신작시 |

봄의 문상 외 2편

1.
이른 새벽 상가(喪家)에서
빚 독촉을 받는다
모르는 번호다
기억을 더듬는다
반드시 그 누군가에겐
빚 졌을 것
같다

2.
살아있어 미안하다
차라리 잘 됐다고
메시지에 맞절하며
골똘히 울었다
죽음은
묵墨하고 묵默한데
소리 내어
우는
봄

자리

주차장 실선 따라
장롱이 주차되었다
의문에 부친 내부
상상을 채워간다
집밖의 살림살이는
제 용도를 잊는 법

폭설의 밤을 지나
장롱이 주차되었다
부적이 밀어냈는지
단층斷層을 이루는 문
밀폐에 실패한 틈새로
찬바람이 인다

맨땅만 주차된 아침
장롱이 사라졌다

점선으로 떠올리며
자리를 그려본다
당신은
그렇게 왔다 갔다
여전히
그렇다

장롱 밑의 현상학

눌러 붙은 동전 자국
현기증을 붙잡는다

모든 말 받아내는
장롱 밑 어둠 안쪽

몸 없이 상징만 남았다
목소리만 상상한다

눈 감아 부드러운
당신의 입술과 말

엄살 속 예견된 것
품안에 파고들고

틈새가 나를 보고 있다
반짝이는 눈짓들

21세기시조동인 **하버드 양념치킨**

박 성 민

목포 출생. 2009년 서울신문 신춘문예 당선. 2011년 한국문화예술위원회 문예창작기금 수혜. 시집 『쌍봉낙타의 꿈』. 2013년 가람시조문학상 신인상 수상.
naminam7@hanmail.net

| 2012년 대표작 |

인기척

각질 같은 어둠이 켜켜이 쌓이는 밤
창호지 문살에 노인이 귀대고 앉아
볏짚이 풀리는 소리
눈감은 채 듣고 있다

잊히지 않는 것들
눈곱 같은 별이 뜨면
얘야, 그만 들어와라
낙숫물에 흙물 튀고
자식들 앉혀 키우던 무릎에 고개 묻는다

장판을 쓸다보면
수의 한 벌 짜는 거미
습기 찬 벽에도 검버섯이 피어있다
세월에 말려져가는 미역줄기 같은 기억

비릿한 몸내음이 실비에 감겨오면
삐거덕 툇마루에 뼈마디가 다 풀리고
마음의 한쪽이 얼었나
진눈깨비 날린다

| 2013년 신작시 |

도道를 아십니까? 외 2편

조상 복이 없네요. 제가 길을 알지요.
맴맴맴 매미처럼 끈덕지게 따라온 도道

하얀 피, 이차돈 목이
땅 위에서 구른다

해진 바지 실밥 너머 삐져나온 무릎처럼
누추한 거리마다 빛나는 신神들의 산수算數

못 박힌 예수 옆에서
강도가 속죄한다

욕망에 안개를 섞어 면죄부 파는 도시
종교도 마약처럼 은밀하게 거래되고

저 멀리 십일조로 걸어오는
예수천당 불신지옥

시조새의 진화

시조새의 멸종은 하나의 가설일 뿐
태초의 숲 울리던 시조새의 울음을
날개 뼈 속에 감춰둔
낡은 우산이 펴진다

쥐라기의 허공을 깊게 판 날개자국
후두둑 쏟아진 비, 날개 뼈가 우산살이 된
비 맞은 시조새 하나
우산꽂이에 떨고 있다

당신의 그림자를 교정해드립니다

골목에서 휘어진 그림자가 길어진다
구석에 몰릴수록 굽어지는 척추 뼈
바닥과 담벼락들은
그림자의 서식지다

당신의 야윈 청춘에 언뜻 비친 퇴직서
까맣게 탄 사내가 숨죽이며 쪼그리다
바닥과 담이 만난 모퉁이에
관절 꺾는 그림자

목이 긴 가로등이
그림자를 감시할 때
포개진 흑백사진 속, 잠든 사내 몸에서
한 마리 검은 물고기
헤엄치듯 나온다

21세기시조동인 **하버드 양념치킨**

김 영 란

제주 출생. 2011년 조선일보 신춘문예 당선. 2013년 서울문화재단 문학창작활성화 지원금 수혜.
puppy6571@hanmail.net

| 2012년 대표작 |

고근산 제비꽃

꽃들의 감언이설에
무릎 꿇고
말았네
고근산 계단 틈새
홀로 핀
제비꽃

"햇볕
좀
가리지 마시오!"

서슬 퍼런
저
눈빛

| 2013년 신작시 |

맑은 날 외 2편

연초록 아이라인
곱게 바른 갯바위

두루미 한 마리
서성이다
날개 펴는

맑은 날
비양도 앞바다
갸우뚱한
배
한 척

섯알오름*

감지되던 예감 앞에
더듬이 세운 새벽빛

호명되는 그 이름이 싸늘하게 감겨온다 그 누구 이름일까 휘둘러 살피는데 삽시간 꽂히는 눈빛 등 떠밀며 꽂히는 눈빛 세워 앉은 무릎 풀며 휘청 나설 때 아, 달빛 눈빛 푸른 저 새벽달 최후의 증인처럼 졸졸 따라 나선다 트럭에서 멀어지는 한림 항 갯내음 신사동산** 소롯길 지그재그 해무리 그 속으로 그리운 가족사 드문드문 지나고 죽음의 예고편처럼 길이 마냥 끌려온다 기막힌 사연들이 타전하듯 속삭일 때 귓속말 뚝 끊기고 길도 이젠 끊기고

지상의 마지막 인사
흘려놓은 신발 한 짝

* 섯알오름 : 예비검속자들을 집단 학살, 암매장한 곳으로 제주 대정읍에 위치한 오름
** 신사동산 : 제주 대정읍 상모리에 있는 야트막한 동산으로, 일제 강점기에 신사가 있었다 하여 붙여진 이름.

능소화 지는 날에

슬며시 그림자가 행선지 바꾸는 오후
옛사랑 입맞춤 같은 마파람 불어온다
시간의 간극을 따라
밀려오는
그리움

은갑사 꽃물 들여서
옷 해 입은
저녁 놀
열대야 수평선에
아롱아롱 피어서
한 뼘 더 늘어난 목을
살며시 와 기댄다

21세기시조동인 **하버드 양념치킨**

동인작품해설

나는 기대한다. 우리 시조의 창조적 활력을 뿜어내고 있는 '21세기시조동인'의 시작詩作이 20세기의 냉전적 유산은 물론, 21세기에 새롭게 불거지고 있는 지금, 이곳의 크고 작은 현실들에 대한 시조 특유의 창조적 대응을 통해 근대 서정시의 근대 혹은 탈근대의 추구와 '다른 근대'를 추구함과 동시에 그 과정에서 폭력적 근대를 활달히 넘어설 수 있는 시적 진실을 웅숭깊게 탐구할 수 있을 것이다. '21세기시조동인'이 일궈내고 있는 시적 성취'들'이 우리 시대의 시적 진실을 헤아리는 리트머스지로서 손색이 없기 때문이다. 바로 이것이 우리가 '21세기 시조동인'에 주목해야 할 문명적 가치가 아닌가.

| 동인 작품 해설 |

〈21세기시조동인〉이 일궈내고 있는 시적 성취'들'

고명철

(문학평론가 · 광운대 국문과 교수)

1. 시장주의의 전횡, 시의 난경(難境) 혹은 파경(破鏡)

분절화 · 개별화되는 삶의 현실의 가속도는 좀처럼 제어불능의 상태다. 후기자본주의의 현실 속에서 자명한 것은 더 이상 존재하지 않는다고 하지만, 어찌된 일인지 삶의 실재를 능가하여 현실을 넘어서는 초현실의 실재는 한층 자명하다. 근대를 초과하는 탈근대의 기획들은 시장주의란 미명으로 삶의 실재를 파죽지세로 압박하는 형국이다. 우리의 삶은 온통 시장주의에 결박돼 있다. 모든 것은 시장에서 흥정의 대상일 뿐이다. 이것이야말로 지금, 이곳에서 자명한 초현실의 실재다. 우리가 경계하는 것은 시장주의의 전횡으로 인한 초현실의 실재의 과잉이 마치 우리의 삶의 실재인 것처럼 전도되는 현상이다. 그런데, 이것은 단지 기우(杞憂)가 아니다.

> 풍자의 긴 가락에 춤을 추던 시인이 걸쭉하게 풀어내던 지난날의 사설들 남겨진 시인은 이제 어느 벽에 기대 토할까
>
> 부끄러운 눈과 귀가 보고 듣는 거리엔 수 만 권의 시들이 서정을 흥정하고 강남의 빌딩 숲에서 꼼꼼하게 돈을 세는데
>   — 이송희, 「죽은 시인의 사회」 부분

시인의 장례식장 바깥의 풍경은 우리들의 유별난 삶의 그것이 결코 아니다. 지극히 현실적인 삶의 풍경이다. 하지만, 이 현실의 풍경을 은밀히, 아니 노골적으로 지배하고 있는 것은 시장주의다. 그 숱한 시인들이 갈고 면려로 쪼아낸 시어들과 그 사이로 솟구치는 서정의 감동들은 다양한 형식의 시장에서 흥정된다. 게다가 차마 인정하고 싶지 않은 현실은 이러한 시장의 흥정에 시인의 영혼이 저당 잡히고 있다는 점이다. 이쯤 되면, 시는 난경難境에 처해 있는 정도가 아니고, 파경破鏡을 맞고 있다 해도 과언이 아니다. 시장주의에 철저히 예속된 시의 굴욕적 현실이다. 때문에 이송희 시인은 "풍자의 긴 가락에 춤을 추던 시인이 걸쭉하게 풀어내던 지난날의 사설들"이 더욱 사무치게 그리울 터이다. '죽은 시인'과 더

불어 이송희 시인은 작금의 시들이 난경과 파경의 사위에 갇혀 있음을 예각적으로 묘파하고 있는 것이다.

기실, 이러한 시적 문제의식은 이송희 시인을 포함한 9명의 '21세기시조동인'의 시작詩作을 두루 감싸고 있는 소중한 활력이다. 이번 시집에 수록된 '21세기시조동인'의 시적 성취 하나하나를 음미하는 동안 앞서 얘기했듯, 시장주의의 엄습 속에서 갈수록 우리의 시가 왜소해지고, 시장주의의 문화논리에 기생하고, 그로부터 파생한 온갖 시 창작과 담론들이 서로 공모의 관계를 이루는 초현실의 실재를 비판적으로 성찰할 수 있는 혜안을 갖게 된 것은 큰 소득이 아닐 수 없다. 물론, 여기에는 시장주의의 굴욕적 현실과 결코 타협하지 않은 '21세기시조동인'의 견결한 시 정신이 자리하고 있으며, 우리에게 익숙한 근대 서정시와 차이를 지닌 시조의 창조적 미의식을 통해 근대 서정시가 추구하는 근대와 '다른 근대'를 추구하는 노력이 보증되고 있다는 것을 주목해야 한다.

2. 폭력적 근대에 균열을 내는 풍자와 해학

근대의 미의식을 이루는 것 중 '웃음'의 가치는 매우 소중하다. 그렇다고 모든 종류의 웃음이 근대적 성격을 온전히 갖는 것은 아니다. 타자를 지배하고 배제하는 가운데 생기는 주체의 웃음이 지배자의 권력을 더욱 공고히 구축시키고 타자를 식민의 대상으로 삼아온 것을 우리는 잘 알고 있다. 타자에 군림하고 심지어 타자를 압살하는 지배적 권력의 웃음은 폭력적 근대가 낳고 또 다시 변주되는 전제주의적 웃음, 즉 반민주주의적 웃음이며 반근대적 웃음이 아닐 수 없다.

이러한 웃음을 위반하고 모반하는, 그래서 폭력적 근대에 균열을 내는 웃음이 있는바, 바로 풍자의 웃음이다. 지금, 이곳의 악무한의 근대가 팽배한 것에 대해 풍자야말로 적실한 미적 저항의 책무를 수행한다.

> 목일랑 사내에게 가장 쓸쓸한 부위 아닐까
> 꼿꼿한 기둥 아닌 끈 매 둘 말뚝으로
> 얌전히 길들여지는 건
> 난 정말 딱, 질색이야
>
> 실직자 400만 명 시대 불안한 도시 한복판
> 지하철 쏟아져 나온 어지러운 발길 틈새
> 지그시 힘준 넥타이
> 출근길 앞장서 간다.
> — 노영임, 「개 끈과 넥타이」 부분

"실직자 400만 명 시대"를 살고 있는 도시의 샐러리맨에게 가장 무서운 것은 언제 느닷없이 닥칠지 모르는 '실직자' 신세다. 그들에게 '불안'은 그들의 삶과 분리될 수 없는 그들의 육체성을 이루는 존재의 징표 그 자체로서 내밀화된 지 오래다. 그들에게 이 '불안'을 극복할 수 있는 묘책은 좀처럼 주어지지 않는다. 시쳇말로 그들은 그들의 고용주 '갑'에게 끌려다니는 피고용인 '을'로서 '갑'이 허락하는 한도 안에서만 자신의 권리를 누리는, 마치 목에 끈이 매인 채 끈의 "길이만큼 베풀어준 너그러움"을 만끽해야 하는 개와 같은 비참하고 씁쓸한 현실에 놓여 있다. 넥타이를 맨 도시의 샐러리맨과 목에 끈이 매인 개는 동일성을 이룬다. 참으로, 신자유주의 시대를 속절없이 살아가는 우리 시대의 자화상에 대한 신랄한 풍자인바, 시인은 이것을 목도하는 우리를 향한 자괴감에 휩싸인다.

그런데, 이 자괴감은 넥타이를 맨 도시의 샐러리맨에게만 국한되지 않고 우리의 삶 전부를 뒤흔든다 해도 과언이 아니다.

> 니미럴, 그도 아니면 횐둥이라 백미인지 쌀 미米자 맛 미味자 아름다울 미美자까지 한정식 교자상에 백첩반상 차려보면, 이건 영 아니올시다 아닐 미未만 자꾸 씹히네. 물 건너온 자포니카 헛물만 들이켜도 캘리포니아 대평원은 올해도 대

풍이라 김제 벌 허수아비 자포자기 주저앉을 때, 쟁기 한 번 안 끌어서 뼛속까지 마블링된 LA갈비 다우너는 이 마트 저 마트에 할인가로 올라앉고, 덜어서 더 배부른 한 술 두 술 좀 도리로 밥 한 공기 열 나누던 인심에도 흉년이 들어 흉흉한 뜬소문만 쌀쌀맞게 뜨는 가을

웰컴 투 한가위 차례상엔
메와 송편도
라이스라지?

— 임채성, 「헐~」 부분

백번 양보하여, 우리의 엄연한 현실이 세계화 시대를 살고 있다고 하지만, 그래서 전지구적 자본주의 세계체제 바깥은 없다고 하지만, 평소 우리의 식단을 차지하는 식재료의 대부분이 신자유주의 위세와 시장주의의 논리, 즉 값싼 상품이 가격 경쟁력을 획득하는 것에 속수무책인바, "니미럴" 민족의 대명절인 "한가위 차례상엔/메와 송편도/라이스"가 아닌가. 풍자가 절로 일어난다. 연중 수확한 햇곡식을 정성스레 준비하여 차례를 지내며 그동안 땀을 흘린 수고에 대해 서로 감사하고, 온갖 어려움 끝에 수확의 기쁨을 안겨준 자연과 조상에게 감사의 마음을 지니고 친인척, 이웃과 이 모든 것을 나누는 데 그 땅에서 소출한 햇곡식이야말로 가장 보배로운

것이 아닌가. 그런데 그 땅의 햇곡식이 아닌 다른 나라, 그것도 "캘리포니아 대평원"과 "LA갈비 다우너"처럼 대기업의 상업농 방식에 의해 유통되는, 말 그대로 시장주의의 상품으로 차례상이 준비되는 이 어처구니 없는 현실을 어떻게 이해해야 할까. 시인의 이 풍자를 지구적 문제의식이 결여된 대기업의 상업농이 상투적으로 주장하듯, 식량 민족주의로 곡해해서는 번짓수를 잘못 짚어도 여간 잘못 짚은 게 아니다. 여기서 식량 민족주의를 넘어선 지구상의 모든 특수한 것들이 지닌 문화적 가치들을, 전지구적 자본주의 세계체제의 보편주의가 보편을 가장한 지구의 일상들을 시장주의의 가치로 획일화하고자 하는 일상의 파시즘에 대한 시인의 비판적 풍자를 소홀히 간주해서는 안 된다.

시장주의에 기반한 일상의 파시즘은 아주 내밀히 우리의 삶의 곳곳에 스며들어 있다. 이러한 일상 속에서 하루하루를 고단히 버텨나가는 하위 주체의 신산스러운 삶에 애정어린 관심을 기울여야 하는 것은 그래서 더욱 시인들에게 긴요하다.

도처엔 따라붙는 아슬아슬 사나운 길 빼를수록 좋은 세상
눈치 보다 뒤처진 걸
퀵, 퀵, 퀵 거리의 도반 어디론가 가야한다

벚꽃 터널 달려 달려 허리춤 꽉 잡거라 배달나라 후예답게
말을 타는 본새까지도
꽃놀이 긴파람 부는 환한 봄날 있었다나

대끼다 부대끼다 줄달음질 치건 말건 잿빛 딱지 떼이는 일
속마저 느꺼워서
쉴 때도 삐딱하니 서서 늦은 점심 끓인다
— 조성문, 「퀵서비스 · 던」 부분

  이 시가 자아내는 웃음은 예의 풍자와 다르다. 시인에게 "늙은 헬멧 남배달 씨"(「퀵서비스 · 던」)는 위험한 거리를 누비며 하루하루를 연명해야 하는 퀵서비스 배달업 종사자가 아니라 "거리의 도반"으로 인식된다. 그렇다. 그는 위험천만한 거리에서 인생의 도道를 육화하고 있는 셈이다. 그는 (정규직 혹은 비정규직) 공장노동자로서 민중의 계급성을 띠고 있지도 않고, 농민으로서 민중의 계급성도 띠지 않고, 그렇다고 도시빈민으로서 민중의 계급성도 띠지 않고, 이것들을 모두 포괄한 상상의 공동체인 민족으로도 파악되지 않는, 기존의 사회구성체 개념과 문제의식으로는 온전히 이해되지 않는 새로운 주체인바, 그와 같은 존재를 종래 우리에게 익숙한 주체로서 파악할 수 없다. 그는 최근 시장주의의 전횡 속에서 폭력적 근대를 온몸으로 체감하고 있는 우리 사

회의 개별화·고립화·양극화의 희생양으로 전락한 하위 주체로서 그의 삶의 내력에는 이렇게 악무한으로 진행되었고, 이후 지속적으로 진행되고 있는 신자유주의의 폭력적 근대의 일상이 지배하고 있다. 시인은 이처럼 늙은 퀵서비스의 일상 속에서 그동안 우리가 망각했거나 무심했거나 애써 외면했던 하위 주체의 신산스러운 삶에 연민의 시적 태도를 동반한, 그리하여 하위 주체에게 가하는 신자유주의의 어떤 시속時俗을 도량道場으로 전도시키는 '도반道伴'의 모습에 공명하는 해학을 불러일으킨다.

그러니까 이 해학은 약자를 향한 연민이자, 약자 특유의 삶의 응전에서 자연스레 빚어지는 공감과 그들의 삶에 대한 성찰적 웃음이다. 우리는 해학에 깃든 이러한 면을 과소 평가할 수 없다. 파안대소破顔大笑하지 않으면서도 살며시 입가에 번지는 해학은 십대로 보이는 청소년의 풋풋한 애정 행위에서 한층 그 웃음의 진면목이 드러난다.

긴 의자 넘어질 듯
들썩이는 이팔청춘
그렇게 좋니 어린 것이, 벌써 연애질이야
늦었다 집에 안가고? 꼴사나워 말하는데

마음이 행동으로 옮겨가는 몸뚱이를
부러우면 참견 말고 가만두라는 옆집 사내
애들아 숨어서 하렴
머리카락 보인단다
　　　— 이석구, 「여름, 신월하정인新月下情人」 부분

  십대의 사랑을 "연애질"이라고 못마땅하며 꾸중하는 시적 화자와 "가만두라는" 오히려 "숨어서" 하라고 십대의 사랑을 북돋우는 "옆집 사내"의 상반되는 반응에서 해학은 절로 생성된다. 옆집 사내의 말처럼 "마음이 행동으로 옮겨가는 몸뚱이"가 바로 사랑의 형식이 아닌가. 그런데 이 사랑의 형식을 요즘 연인들은 서슴없이 드러낸다. 사랑의 정염은 타인의 시선을 아랑곳하지 않은 채 그 시선을 물화物化시켜 버린다. 그러면서 그 사랑의 정염도 물화된다. 바로 여기서 옆집 사내의 "애들아 숨어서 하렴/머리카락 보인단다"에 깃든 해학이 예사롭지 않다. 그 사랑의 형식이 누구의 전유물이면 어떤가. 문제는 사랑이 물화되어서는 곤란하다. 물화된 사랑은 시장주의의 한갓 감정 소비의 대상 그 이상도 이하도 아니기 때문이다.

3. 소멸의 심층을 탐구하는 시조의 시적 진실

삶의 물화를 경계한다는 것은 바꿔 말해 삶의 물화에 저항하는 것이다. 이것은 아무리 강조해도 지나치지 않은 시의 소명이다. 이를 위해 시는 산문보다 상대적으로 더욱 진폭이 넓은 시간에 대한 성찰적 투쟁에 신열을 앓는다. 산문이 동시대의 삶과 격전을 치르는 데 집중하면서 비교적 동시대의 시간 범주 내에 붙들린 형국이라면, 시는 동시대의 시간은 물론 태곳적 우주 창생의 시간과 심지어 비가시적으로 존재하지 않는 측정 불능의 영원의 시간마저 자유자재로 다룬다. 가령, 다음의 시를 음미해보자.

2.
그대 잠시라도 눈 돌려 그 길 보시게
등 굽은 소나무 에돌아가는 나이테처럼
천천히 늙어간다는, 머리 숙여 공경한다는

그 길 가장자리에 한 사나이 서 있음을
백로 등 햇살로 서서 그리움의 나선을 감는
물레 길 삶의 길 돌려 아시 잣는 정이 있음을

3.
아시게나 저 잔정도 가끔 꼬리 흔적 남긴다는 걸
흔들리고 뒤웅이며 이 산 저 산 선들선들 달려
산 하나 애잔히 쌓아 등고선이 된다는 것을
　　　　　　　— 황성진, 「등고선에 대하여」 부분

　지도 위의 등고선은 해발 고도가 같은 지점들끼리 연결한 곡선으로 지형의 높낮이와 경사를 나타낸 선이다. 따라서 등고선이 정확히 표기된 지도는 곧 세계 그 자체라 해도 과언이 아니다. 이렇게 지도의 평면 상, 즉 2차원에 새겨진 등고선을 시인은 시간과의 관계 속에서 웅숭깊은 시적 인식을 보이고 있다. 시인에게 등고선은 자연지형으로만 파악되는 공간의 물리적 속성을 넘어선, "등 굽은 소나무 에돌아가는 나이테"의 형상과 겹쳐지고, 인생의 여정 속에서 숱한 삶의 "그리움의 나선을 감는/물레 길 삶의 길 돌려 아시 잣는 정"의 형상과 포개지는, 다시 말해 '소나무'와 '한 사나이'의 시간의 속성과 긴밀히 조응을 하는 우주적 비의성의 실체다. 그러니까 등고선은 시인에게 지형의 실체만을 보여주는 지리학적 약호로만 제약되지 않는, 그 약호의 생성과 아울러 그 지형에 실제로 있는 (비록 상상적이라 할지라도) 유무형의 것들이 일궈낸 시간의 흔적과 등가를 이루는 존재론적 우주의 약호인 셈이다.

이러한 우주적 비의성에 대한 시적 탐구는 근대의 합리적 이성의 전유물인 인간중심주의가 득의得意한 근대와 '또 다른 근대'에 대한 시적 진실을 숙고하도록 한다.

> 시조새의 멸종은 하나의 가설일 뿐.
> 태초의 숲 울리던 시조새의 울음을
> 날개 뼈 속에 감춰둔
> 낡은 우산이 펴진다.
>
> 쥐라기의 허공을 깊게 판 날개자국
> 후두둑 쏟아진 비, 날개 뼈가 우산살이 된
> 비 맞은 시조새 하나
> 우산꽂이에 떨고 있다.
> ― 박성민, 「시조새의 진화」 전문

> 살아있어 미안하다
> 차라리 잘 됐다고
> 메시지에 맞절하며
> 골똘히 울었다
> 죽음은
> 묵墨하고 묵默한데
> 소리 내어
> 우는

봄

— 김남규, 「봄의 문상」 부분

  시인에게 소멸이 진실로 소중하고 가치 있는 것은 소멸이 수반하는 무한한 생성과 열림을 향한 시적 진실이다. 근대의 합리적 이성은 소멸을 낡고 퇴행적인 전근대적인 것의 종언終焉으로, 그래서 새로운 역사의 단계를 진전시키는 과정에서 필연적으로 거쳐야 하는 결별의 역사철학적 의미로 해석한다. 하지만 이것은 소멸이 지닌 심층적 면모들을 너무나 단순화시킨 근대의 폭력적 인식이다. 여기에 바로 시인이 폭력적 근대를 전복시키고 무화시키는 시적 진실의 창조성의 가치가 있다. 우산에 "후두둑 쏟아진 비", 그 비의 '후두둑' 소리와 비에 "떨고 있"는 우산살, 이 음향과 시각, 그리고 촉지되는 감각과 어우러진 총체적 공감각은 멸종되었을 거라고 확신하는 '시조새'의 존재를 떠올린다. '시조새'란 호명에 와락 환기되듯, 태곳적 존재는 영원히 소멸한 것이 결코 아니라 늘 우리들의 일상의 다른 그 무엇, 즉 시적 비의를 간직한 상관물로서 존재하는 것이다(「시조새의 진화」). 이것은 봄의 문상을 하고 있는 시적 화자를 죽음에 대한 종요로운 성찰의 길로 안내한다. "죽음은 묵墨하고 묵默"하다는 것, 살아 있는 것의 모든 생의 기운을 칠흑같은 암연暗然의 사위로 휩싸버리면서 적요寂寥의 상태에 놓이는 것, 이 무간도無間道의 허방으로 퍼져나가는 울음, 이것들은 '봄'으로 수렴된다. 흥미롭다. 문득, 이 '봄'이 중의적으로 다가온다. 소멸과 죽음과 접해 있는 신생의 절기로서 '봄[春]'이 그 하나요, 다른 하나는 이러한 과정을 성찰하면서 깨닫는 앎으로서의 '봄[觀]'이 그것이다(「봄의 문상」). 기실, 근대적 서정시가 추구하는 근대와 '다른 근대', 즉 심층적 근대를 표상하는 시조의 맛/멋이 그윽하지 않을 수 없다.

4. 불구의 역사, 그 상처를 응시하는

이렇게 '21세기시조동인'의 시작詩作을 음미하면서, 마지막으로 눈에 밟히는 시조 한 수가 있다. 근대의 역사적 격랑 속에서 죽임을 당한 한맺힌 원혼을 위무하는 시조와 마주한다.

호명되는 그 이름이 싸늘하게 감겨온다 그 누구 이름일까 휘둘러 살피는데 삽시간 꽂히는 눈빛 등 떠밀며 꽂히는 눈빛 세워 앉은 무릎 풀며 휘청 나설 때 아, 달빛 눈빛 푸른 저 새벽달 최후의 증인처럼 졸졸 따라 나선다 트럭에서 멀어지는 한림 항 갯내음 신사동산 소롯길 지그재그 해무리 그 속으로 그리운 가족사 드문드문 지나고 죽음의 예고편처럼 길이 마

냥 끌려온다 기막힌 사연들이 타전하듯 속삭일 때 귓속말 뚝 끊기고 길도 이젠 끊기고

   지상의 마지막 인사
   흘려놓은 신발 한 짝

— 김영란, 「섯알오름」 부분

  제주에서 자행된 반공주의에 의한 예비검속자들을 향한 무차별적 집단 학살의 현장을 재현하고 있다. 이 시를 에워싸고 있는 것은 살욕殺慾이며, 폭력적 근대에 압살당한 자들의 "지상의 마지막 인사"인 생을 향한 간절한 절규와 죽음의 난무 속에서 어지럽게 "흘려놓은 신발 한 짝"들 투성이다. 시인은 한반도의 변방인 섯알오름에서 자행된 역사의 광기를 또렷이 응시한다. 21세기의 시조도 20세기의 폭력적 근대를 외면할 수 없는 것이다. 이 시조의 마지막 연에서 압축적으로 보이는 풍경이 불도장으로 선명히 남는다. 그렇게 흩어져 있는 "신발 한 짝"의 또 다른 한 짝은 어디에 있을까. 이 불구의 역사적 상처는 언제쯤 말끔히 치유될 수 있을까. 20세기의 냉전 시대가 낳은 분단의 이 질곡을 21세기의 우리는 고스란히 껴안고 있다.

  나는 기대한다. 우리 시조의 창조적 활력을 뿜어내고 있는 '21세기시조동인'의 시작詩作이 20세기의 냉전적 유

산은 물론, 21세기에 새롭게 불거지고 있는 지금, 이곳의 크고 작은 현실들에 대한 시조 특유의 창조적 대응을 통해 근대 서정시의 근대 혹은 탈근대의 추구와 '다른 근대'를 추구함과 동시에 그 과정에서 폭력적 근대를 활달히 넘어설 수 있는 시적 진실을 웅숭깊게 탐구할 수 있을 것이다. '21세기시조동인'이 일궈내고 있는 시적 성취 '들'이 우리 시대의 시적 진실을 헤아리는 리트머스지로서 손색이 없기 때문이다. 바로 이것이 우리가 '21세기시조동인'에 주목해야 할 문명적 가치가 아닌가.

21세기시조동인 **하버드 양념치킨**

동인들이 뽑은
동인 작품상

* 2012년에 발표한 동인들 작품 중에 가장 뛰어나다고
생각되는 작품을 동인 전체 투표로 선정하였습니다.

하버드 양념치킨

　　　　　　　　　　　　　　이송희

주문을 받습니다 언제든 전화주세요
스카이를 꿈꾸시는 분들의 심정을
익히고 잘 버무려서 주문 제작 해드립니다

닭들도 원래는 하늘을 날았죠?
원하시면 바삭바삭 튀겨도 드립니다
최고의 주방장들이 최고만 고집합니다

해마다 물가만큼 치솟는 학력편차에
날개를 파닥이다 주저앉은 시간들이
비법을 개발하는 데 디딤돌이 되었죠

더불어 각 부위별 주문도 가능합니다
최고의 명문名門에서 양념 옷을 입고서
하늘을 날고 싶은 분들은 지금 바로 전화 주세요

| 〈동인들이 뽑은 동인 작품상〉 선정사유 |

황성진
_비격식체인 '해요체'를 활용하여 현대 사회의 단면을 완곡하게 풍자한 멋진 시입니다. '부위별 주문 제작'이 가능한 시대에 튀김옷도 없이 살아간다는 것이 쉽지는 않겠지요.

이석구
_실력보다 학벌이 우선인 세상. "하버드 양념치킨"이라니 닭다리 한 쪽 뜯는데도 하버드가 필요한 세상. 속살 토실토실한 닭다리는 어디 없나요?

조성문
_〈하버드 양념치킨〉은 협동보다는 경쟁을, 봉사보다는 자기 이익을, 질서나 책임의식보다는 단편적 지식교육에만 전념하고 있는 현실을 짚고 있다. 진정성도 없이 인성을 머리로만 가르치고 있는 오늘의 학벌지상주의를 빗대어 폭로하고 있잖은가.

노영임
_동네 아파트 단지에 통닭집이 신장개업이라도 하나?
조간신문 사이에 끼어들어와 툭, 발밑에 떨어진 전단지 한 장. 그런데 쉽게 구겨 버릴 수가 없다. 하늘을 날아오를 듯 날개를 파닥이다 주저앉아야만 하는 무게를 별거 아니라는 듯 지극히 가볍게 말하지만 냉소적인 말투가 톡 쏘는 소스처럼 오래 입안에 남는다.

임채성
_개성과 적성에 맞추기보다 학교와 학과에 맞춰 맞춤식으로 운영되는 입시학원들이 성행하는 현실을, 맛과 모양까지 획일적으로 만들어 그럴듯한 양념으로만 옷을 입힌 주문 치킨에 비유함으로써 풍자와 위트의 맛을 더 고소하게 만들어낸다.

김남규
_88세대에게 '치맥'(치킨과 맥주)은 그나마 허락된 유일한 '힐링 타임'이다. 그러나 'SKY'를 향한 욕망은 곧 "날개를 파닥이다 주저앉은 시간"들이 되고 만다. 누가 이들을 등 떠밀었는가. 이 사회인가, 부모인가, 우리 자신인가. 날개가 퇴화된 닭들에게 비행이 과연 허락되었을까. 웃프다. 웃고 싶은데 슬프다. 아니, 슬픈데 웃고 싶다.

박성민

_학벌사회가 빚어내는 사회의 불합리한 면모를 재미있게 형상화한 시로 독특한 언어감각 속에서 적절한 곳에 매복한 언어유희가 읽을 맛을 느끼게 해주는 시다. 이송희 시인 특유의 언어 감각이 돋보인다.

김영란

_하버드치킨. 하버드와 치킨의 조합으로 보여주는 이름만으로도 학벌을 중시하는 대한민국의 현주소를 보는 듯하다. 아이들이 즐겨먹는 치킨 이름 앞에 최고의 명문으로 선망하는 하버드를 붙여놓는 상술. 그 상술이 먹히는 사회.
시인은 하버드치킨이라는 이름에서 우리 사회의 교육현실을 읽어내고 예리하게 풍자하고 있다. 소수점 이하의 틈새까지도 놓치지 않고 파헤치는 시인의 상상력과 일상에서 시어를 낚아채는 실력에 박수를 보낸다.

| 21세기시조동인 제5집 |

하버드 양념치킨

초 판 1쇄 인쇄일 · 2013년 08월 01일
초 판 1쇄 발행일 · 2013년 08월 12일

지은이 | 이석구 외
펴낸이 | 노정자
펴낸곳 | 도서출판 고요아침
편 집 | 김남규

출판등록 2002년 8월 1일 제 1-3094호
120-814 서울시 서대문구 북가좌동 328-2 동화빌라 102호
전 화 | 02-302-3194~5
팩 스 | 02-302-3198
E-mail | goyoachim@hanmail.net
홈페이지 | www.goyoachim.com

ISBN 978-89-6039-504-6(04810)

*책 가격은 뒤표지에 표시되어 있습니다.
*지은이와 협의에 의해 인지는 생략합니다.
*잘못된 책은 교환해 드립니다.

ⓒ 21세기시조동인, 2013